**DU CM1 AU CM2**

9 • 10 ANS

W0322464

# Le secret de la jungle

**Alain Surget**
écrivain

**Nadine Bonnet**
**Catherine Marchand**
professeures des écoles

illustré par
**Charles Villoutreix**

Le papier de cet ouvrage est composé de fibres naturelles, renouvelables, fabriquées à partir de bois provenant de forêts gérées de manière responsable.

Nathan

# Présentation

→ Je lis un récit d'aventures entrecoupé d'exercices de :
français, maths, géo, sciences.

→ Je résous des exercices
qui permettent de reconstituer l'histoire.

→ Je vérifie ma réponse :
- elle est juste → j'accède à la suite de l'histoire ;
- elle est fausse → le corrigé me guide pour refaire l'exercice.

→ Je consulte le mémo en fin d'ouvrage,
il m'explique la notion abordée dans l'exercice.

→ Je regarde la table des matières (p. 94-95)
pour connaître tous les points du programme abordés dans les exercices.

→ Je note les indices sur la page 93,
un par chapitre, ils prouvent que l'enquête avance et que l'histoire est bien comprise.

**Édition** : Marjorie Demaria
**Maquette de couverture** : Team Créatif
**Maquette intérieure** : Julie Lannes
**Composition** : JPM sa
© Nathan, 2013 – ISBN : 978-2-09-187959-8 pour la présente édition
© Nathan, 2003 – ISBN : 978-2-09-184408-4 pour la première édition

# 1

# Les hommes d'Ailleurs

1 

Mato et son père Takuna marchent dans la Grande Forêt. Les arbres sont si hauts qu'ils forment une espèce de ciel vert percé de trous par lesquels tombe la lumière. Des lianes pendent du sommet des feuillages, pareilles à de longs serpents gris. Elles sont couvertes de tant de fleurs différentes, aux couleurs éclatantes, qu'on dirait que des grappes d'oiseaux s'y sont accrochées.

La jungle résonne du tintamarre des singes. Mato ne les voit pas mais il sait qu'ils se balancent au bout des branches. Parfois une ombre noire se jette dans le vide avec un cri perçant. Le temps de lever la tête, le singe a disparu… seule la liane bouge encore.

À moins que ce ne soit vraiment un serpent qui se laisse couler vers Mato…

Mato porte fièrement la sarbacane de son père. Aujourd'hui, Takuna a décidé d'emmener son fils à la chasse au pécari – une sorte de cochon sauvage.

L'enfant est capable d'assommer des oiseaux avec des fléchettes terminées par un champignon dur, il a déjà touché des singes avec des flèches enduites d'un poison qui les endort, il lui faut maintenant rapporter des proies plus importantes.

Brusquement, l'homme retient Mato par l'épaule et lui montre quelque chose sur le sol. Une colonne de fourmis rouges transporte des feuilles, des larves et des cadavres d'insectes dix fois plus gros qu'elles.

– Ne les écrase pas, murmure Takuna. Elles viennent de loin pour nourrir leur fourmilière.

– Devons-nous aller loin, nous aussi, pour trouver les pécaris ?

– Ils aiment se baigner dans la boue, au bord de l'Amazone.

Mato a un frisson dans le dos. L'Amazone, c'est là où les jaguars vont boire ! Pourvu que ce ne soient pas l'enfant et son père qui deviennent le gibier !

– Quand deviendrai-je un guerrier ? demande Mato en passant sous les larges feuilles d'un bananier sauvage.

## Comment Mato deviendra-t-il guerrier ?

**Pour le savoir, entoure le continent sur lequel se trouve l'Amazone :**

**a.** Afrique **b.** Amérique **c.** Océanie

**Si tu as entouré a. → Lis le n° 15.**
**Si tu as entouré b. → Lis le n° 6.**
**Si tu as entouré c. → Lis le n° 4.**

mémo 13

**2**

Non, le radical d'un mot doit avoir un sens : dépasser → passer, déchirer → ~~chirer~~.

→ Retourne à l'exercice du n° 6.

**3**

Mato piétine. Qu'a vu son père ? Par où fuir ? Takuna l'attrape par un bras pour l'entraîner avec lui. Dans le mouvement, l'enfant lâche la sarbacane.

– Cours sans te retourner ! répète l'homme en se précipitant droit devant lui.

Mato le suit sans comprendre. Il plonge entre les feuilles, se blesse aux tiges qui se plient et se détendent tel un fouet. Courir n'est pas facile dans la forêt quand les lianes, tendues comme des filets, bouchent le passage et obligent à se baisser pour se glisser sous leurs boucles.

– Par là ! crie son père en sautant brusquement en arrière et en se faufilant dans un fouillis de végétation.

Mato pile net. Un énorme boa jaune avec des losanges noirs est enroulé sur lui-même, sa tête triangulaire reposant sur ses anneaux. Et il observe l'enfant de ses yeux dorés.

Figé par la peur, incapable de détacher son regard de la bête qui commence à se dérouler, Mato essaie

d'appeler son père, mais les mots restent bloqués au fond de sa gorge. Un bruit de pas ! Mato soupire de soulagement : son père revient. Mais qu'il fasse vite parce que l'animal est presque sur lui ! Que le serpent se colle à ses jambes, qu'il remonte jusqu'à sa poitrine, et c'est fini ! Il étouffera l'enfant par simple pression. Même Takuna n'a pas assez de force pour desserrer l'étreinte d'un boa.

Les feuilles s'écartent, une main s'abat sur l'épaule du garçon.

– Venez par ici ! clame une voix. J'en tiens un !

**Qui a attrapé Mato ?**

**Tu vas le savoir en répondant à la question suivante. Parmi ces verbes issus du texte, entoure celui qui n'est pas conjugué au présent de l'impératif.**

**a.** Cours sans te retourner.

**b.** Crie son père.

**c.** Venez par ici.

**Si tu as entouré a. ➜ Lis le n° 10.**
**Si tu as entouré b. ➜ Lis le n° 5.**
**Si tu as entouré c. ➜ Lis le n° 19.**

mémo 3

**4**

Non, en observant le planisphère dans ton mémo, tu

découvres que l'Amazone n'est pas en Océanie. Ne te décourage pas.

→ Retourne au n° 1.

**5**

Mato se retourne. Un métis ! Comme ceux qui coupent les arbres de la forêt ou qui servent de guides aux hommes d'Ailleurs à la peau blanche ! La surprise du jeune Indien est telle qu'il n'a aucune réaction. L'autre lui agite le canon de son fusil sous le nez.

– Tu vas m'accompagner sans résistance. Mes amis et moi avons quelques questions à te poser.

Mato comprend alors que ce sont ces hommes qui ont provoqué le silence de la jungle et la fuite de son père. Le métis repousse le boa d'un coup de pied. Comme le serpent darde sa langue, prêt à se défendre, l'homme le frappe à la tête avec la crosse de son arme. L'animal n'insiste pas : il se coule dans les herbes et se réfugie sous des feuilles ressemblant à des pointes

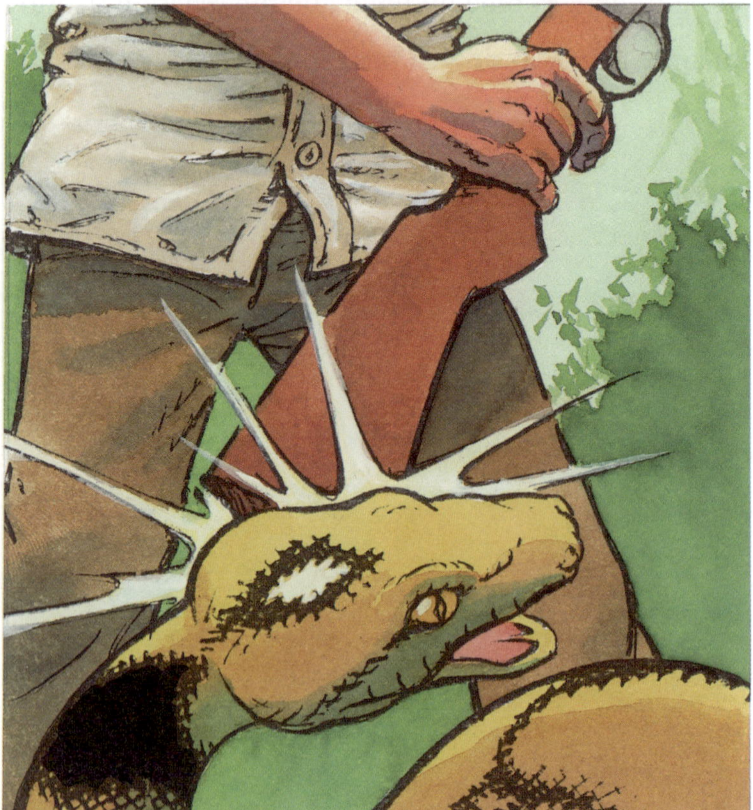

de lance. Là, immobile, invisible dans les pousses vertes, il ne lâche plus le métis des yeux.

L'homme agrippe Mato par les cheveux.

– Et maintenant… commence-t-il.

Il n'achève pas. Une masse bondit sur lui avec un hurlement sauvage.

Mato et le métis sont projetés au sol. L'enfant roule sur le côté, se relève, découvre son père aux prises avec son agresseur.

– Fuis ! ordonne Takuna en arrachant le fusil des mains de l'homme pour le jeter hors de portée. Et ne t'arrête pas !

Mato hésite. Il veut aider son père. Il tourne autour des deux adversaires qui sont toujours à terre, chacun cherchant à battre l'autre, à le saisir à la gorge ou à l'assommer avec ses poings. Mais ils sont si étroitement mêlés que Mato craint de toucher son père en voulant porter un coup à l'autre.

– Je ne t'abandonnerai pas ! répond-il comme Takuna lui commande à nouveau de se sauver.

Des craquements ! Des bruits de pas qui se hâtent ! Mato tressaille. Les Indiens n'avancent pas ainsi dans la jungle : leur course est légère, souple comme une filée de vent. Là, on croirait la ruée d'une bande de tapirs aveugles. Ce sont les hommes blancs ! Et ils arrivent rapidement !

**Que va faire Mato ?**

**Les hommes d'Ailleurs sont terriblement dangereux. Qui vient au secours de Mato ?**

**Écris ta réponse :**

L'Œil de Feu

**C'est ton PREMIER INDICE. N'oublie pas de le noter sur ta page-indices, p. 93.**

**Maintenant → Lis le n° 13.**

**6** 

– Tu dois d'abord apprendre à chasser seul, répond le père de Mato, puis à t'approcher du village de nos ennemis pour leur voler un objet sans te faire prendre. Alors le sorcier fera de toi un guerrier en te présentant devant l'Œil de Feu.

– La cérémonie a toujours lieu dans la caverne sacrée ?

– Toujours ! C'est là qu'est déposé l'Œil de Feu.

– Qu'arriverait-il si l'Œil disparaissait ?

– Ce serait terrible, annonce Takuna en contournant une fougère bleue géante. L'Œil nous guide dans l'obscurité de la forêt et nous protège de tous les dangers. Il nous a été donné par notre mère la Terre au cours d'un orage, il y a très longtemps.

La foudre s'est abattue sur un arbre. Le tronc s'est fendu en deux, et l'Œil qu'il cachait sous son écorce a roulé jusqu'à notre village. Nos ancêtres ont estimé que c'était un cadeau des dieux et ils l'ont transporté dans la caverne sacrée qui est le nombril de la Terre. Si l'Œil de Feu nous était retiré, nous deviendrions aveugles, malades, et les jaguars sortiraient de leurs tanières pour nous dévorer.

Des flaques de lumière s'élargissent sur le sol. Les rayons du soleil scintillent sur les troncs mouillés de la dernière pluie, les faisant ressembler à des piliers en or.

– Nous approchons du fleuve, avertit Takuna. Les arbres s'espacent, les herbes remplacent la mousse et il fait beaucoup plus clair.

Ils s'arrêtent sur la rive. L'Amazone roule des eaux jaunes, chargées de boue, ainsi que des branches et des troncs arrachés en amont. Quelques rochers dépassent au milieu du courant, sur lesquels les flots se déchirent en dentelles d'écume.

Un silence tout à coup ! La jungle s'est tue. Plus un seul caquètement ! Mato lève la tête, comme s'il pensait que les bruits étaient retenus par les feuillages et qu'ils allaient retomber tous ensemble. Mais le silence se prolonge, épais, lourd de menace. Takuna regarde autour de lui, inquiet. Pourquoi la Grande Forêt retient-elle sa respiration ? Soudain une envolée d'oiseaux froisse l'air. Effrayés, certains se cognent aux lianes, provoquant une pluie de plumes et de pétales.

– Sauve-toi ! crie alors Takuna à son fils. Cours ! Cours !

### Pourquoi Takuna ordonne-t-il à son fils de courir ?

**Pour le savoir, repère dans cette partie du texte les 3 verbes qui commencent par « dé- ».**
**Entoure-les dans la liste ci-dessous :**

déposer – débarrasser – déranger – déplumer – démonter – dévorer – décaler – se déchirer – dépasser – découvrir

**Parmi ces 3 verbes, écris celui dont la syllabe « dé- » est un préfixe.**

déposer faux déchirer ..............................

**Si tu as écrit « dévorer » → Lis le n° 18.**
**Si tu as écrit « déchirer » → Lis le n° 2.**
**Si tu as écrit « dépasser » → Lis le n° 3.**

mémo 1

**7**

Non, tu dois consulter ton mémo pour voir le schéma de l'appareil circulatoire.

→ Refais l'exercice du n° 13.

**8**

Bravo ! Tu as bien répondu.

→ Maintenant, va au chapitre 2.

**9**

Les hommes d'Ailleurs ont-ils tué Takuna ? Mato ne veut pas s'enfoncer plus loin dans la forêt sans savoir ce qui est arrivé à son père. Ses poursuivants approchent : il voit bouger les lianes derrière lui. Une grande feuille tombe, tranchée par un coupe-coupe.

– Le voilà !

Mato se sauve à nouveau, mais plutôt que de foncer en ligne droite, il s'efforce de décrire un demi-cercle pour tenter de retrouver l'endroit où il a laissé son père. Les autres le talonnent. L'enfant entend leur halètement, et il craint à chaque instant qu'ils ne le frappent dans le dos. Cependant, peu habitués à la jungle, les hommes d'Ailleurs finissent par perdre du terrain.

Au bout d'une course qui lui a brisé les jambes,

Mato voit briller les eaux du grand fleuve. Il s'apprête à gagner la rive quand il tombe sur deux individus armés qui encadrent son père.

Les hommes blancs n'ont pas remarqué le balancement des feuilles, mais le mouvement n'a pas échappé à Takuna. Son fils est là, tout près, mais que peut-il tenter pour le délivrer ? D'autant que le reste de la bande surgit sur ses arrières ! Si Mato se fait prendre à son tour, qui ira prévenir les gens du village ?

Mato ne fuit plus. Il s'est dissimulé sous une cascade de fleurs multicolores, dans l'ombre bleutée de gigantesques palmes. Avant de partir à la chasse, son père l'a revêtu de peintures magiques destinées à le rendre invisible aux yeux des animaux qu'il veut tuer. Peut-être cela marchera-t-il aussi avec ces hommes d'Ailleurs…

Le métis apparaît, son fusil à la main. Il s'arrête, surpris de découvrir ses complices et leur prisonnier.

– Nous sommes revenus à notre point de départ ! lance-t-il à ceux qui le suivent. Et vous, vous n'avez pas vu le jeune Indien ? demande-t-il aux hommes sur la rive.

Ils secouent la tête. Alors le métis observe autour de lui. Mato frémit quand le regard de l'homme se pose sur la colonne de fleurs. Va-t-il le remarquer ?

**Les peintures magiques ont-elles réellement rendu Mato invisible ?**

**Si tu veux le savoir, réponds à la question suivante.**
Dans le texte, tu as lu « une cascade de fleurs ».
Cette expression est employée au sens figuré puisqu'une cascade est une chute d'eau.
**Pour savoir si le métis va découvrir Mato, il faut que tu partes à la recherche d'une autre expression au sens figuré dans le texte.**

**Recopie-la :**

.........................................................................................

**Pour vérifier ta réponse, → Lis le n° 11.**

mémo 2

**10**

Erreur, « cours » est bien l'impératif de « courir ». Relis ton mémo.

→ Refais l'exercice du n° **3**.

**11**

Si tu as trouvé « brisé les jambes » (page 16), bravo !

→ Maintenant, va au n° **16**.

**12**

Non. Dans la phrase **c.** « le » fait partie du groupe nominal « le moteur ». Ce n'est donc pas un pronom.

→ Refais l'exercice du n° **16**.

**13**

Mato se décide enfin à détaler. Il plonge entre les feuilles sombres d'un philodendron, se met à courir par bonds pour éviter les racines qui dépassent du sol. Des voix s'élèvent derrière lui. Il reconnaît celle de son père, très vite étouffée sous des exclamations de fureur.

Dans sa poitrine, le cœur de l'enfant est un tambour qui bat le rythme de la course. La respiration de Mato est courte, hachée. L'air chaud qu'il avale par saccades lui assèche la bouche et la gorge, et donne l'impression d'être devenu tranchant.

Mato s'arrête pour écouter. Les bruits de lutte ont cessé. Plus de cris ! Plus d'appels ! Rien que le son lourd des semelles qui écrasent les plantes, lancées dans le sillage de l'enfant. Mais que veulent les hommes blancs ?

## Les hommes blancs vont-ils attraper Mato ?

**Tu le sauras dès que tu auras répondu à la question.**
La respiration de Mato est courte et hachée. oui
**Rappelle-toi le fonctionnement de la respiration, puis choisis la phrase juste.**

**a.** Au niveau des poumons, le sang, qui vient du cœur, se débarrasse du dioxyde de carbone et se charge en oxygène.

**b.** Au niveau du cœur, le sang, qui vient des poumons, se débarrasse du dioxyde de carbone et se charge en oxygène.

**c.** Au niveau des poumons, le sang, qui vient du cœur, se débarrasse de l'oxygène et se charge de dioxyde de carbone.

**Si tu as choisi a. → Lis le n° 9.**
**Si tu as choisi b. → Lis le n° 7.**
**Si tu as choisi c. → Lis le n° 17.**

mémo 15

## 14

Tu t'es trompé(e). Observe le mot qui est juste après « le ». Est-ce que c'est un verbe ou un nom ? Répondre à cette question peut te permettre de savoir si « le » est un déterminant ou un pronom personnel.

→ Refais l'exercice du n° 16.

## 15

Non, le fleuve Amazone ne coule pas en Afrique mais sur un autre continent. Regarde le planisphère dans ton mémo pour t'aider.

→ Retourne à l'exercice du n° 1.

## 16

– Je ne comprends pas, il était juste devant nous, grogne le métis. Il n'a pas pu s'envoler.

Il commence à fouiller les buissons, à écarter les feuilles avec le canon de son fusil.

– Laisse, intervient un de ses compagnons. Nous en avons capturé un, ça suffit. Je sais comment le faire parler.

– Ce qui m'inquiète, c'est que ce gosse va prévenir sa tribu. Dans peu de temps, nous aurons des guerriers à nos trousses.

– Nous mettrons l'Amazone entre eux et nous. Bien malin qui pensera à nous chercher sur l'autre rive.

Les hommes remontent la berge sur une courte distance, dégagent un canot à moteur caché sous de hautes herbes et le poussent à l'eau. Tous s'y installent. L'un d'eux met le moteur en marche, puis dirige l'embarcation vers le milieu du fleuve.

Mato est catastrophé. Comment suivre la trace des ravisseurs de son père à présent ?

## Que va faire Mato après cette catastrophe ?

**Pour le savoir, relis le texte et complète les expressions qui commencent par « le ».**

**a.** le ............................ parler

**b.** le ............................ à l'eau

**c.** le ............................ en marche

**Choisis ensuite les deux propositions dans lesquelles « le » est employé comme pronom personnel.**

**Si tu as choisi a. et b. → Lis le n° 8.**
**Si tu as choisi a. et c. → Lis le n° 14.**
**Si tu as choisi b. et c. → Lis le n° 12.**

mémo 5

**17** 

Tu t'es trompé(e), le sang ne se charge pas en dioxyde de carbone dans les poumons. Consulte le mémo.

→ Retourne à l'exercice du n° 13.

**18** 

Non, c'est faux car le radical d'un mot doit avoir un sens : déposer → poser, dépasser → passer, dévorer → ~~vorer~~.

→ Corrige l'exercice du n° 6.

**19** 

Erreur, « venez » est bien l'impératif de « venir ».

→ Refais l'exercice du n° 3.

# Le Grand Fleuve

1

Le premier soin de Mato est d'aller récupérer la sarbacane ainsi que l'étui contenant les fléchettes que les hommes blancs ont arrachés à son père et jetés sur le sol. Avec cette arme, il se sent déjà plus fort. « Que faire ? réfléchit l'enfant. Si je retourne au village, je vais devoir attendre que les chasseurs soient tous de retour. Après quoi il leur faudra préparer leurs armes et leurs peintures de guerre. Ils ne seront pas prêts avant demain. Ils arriveront trop tard pour sauver mon père. Je ne sais pas ce que ces hommes d'Ailleurs veulent de lui, mais je suis sûr qu'ils le tueront dès qu'ils auront obtenu ce qu'ils sont venus chercher. »

Avec les fibres d'une liane, Mato attache l'étui à fléchettes autour de sa taille. Sa décision est prise : il va affronter le grand fleuve. Ensuite il se lancera sur la piste des hommes blancs et libérera Takuna. Seul ! C'est comme cela qu'on devient un guerrier !

Debout au bord de l'Amazone, Mato fixe les eaux à se donner le vertige. Plonger ne lui paraît pas être la meilleure solution. Lutter contre les remous et les flots du grand fleuve, c'est autre chose que de se baigner dans le petit rio paisible qui borde son village. Pas question d'endormir les bêtes qui nagent là-dedans comme les pêcheurs ont l'habitude de le faire avec les poissons des mares, en mêlant la sève de certaines lianes à l'eau boueuse. Les anacondas sont souvent tapis sur les hauts-fonds, leur tête au ras de la surface. Et les crocodiles se laissent porter par le courant, pareils à des troncs d'arbres à la dérive.

Justement, des troncs, Mato en voit défiler devant lui. L'un d'eux ouvre une gueule énorme, espérant qu'un oiseau se posera sur sa mâchoire pour lui nettoyer les dents. Les autres sont immobiles, raides comme du bois. Peut-être sont-ils réellement des arbres…

Soudain Mato saute dans le fleuve.

## Que va faire Mato dans l'eau ?

**Tu vas mener l'enquête en répondant à la question suivante.**

Chaque espèce se reproduit de façon différente.

**Relie les animaux à leur mode de reproduction.**

| | |
|---|---|
| Oiseau • | |
| Poisson • | • ovipare |
| Grenouille • | • vivipare |
| Homme • | • ovovivipare |
| Crocodile • | • métamorphose |

**L'oiseau est ovipare.** ☐ Vrai ☐ Faux

**Si tu as coché Vrai → Lis le n° 8.**

**Si tu as coché Faux → Lis le n° 5.**

mémo 16

**2**

Attention, la soustraction comporte un nombre décimal. Tu as trouvé le bon nombre mais tu as oublié la virgule. Relis ton mémo.

→ Retourne à l'exercice du n° 7.

**3**

Tu as fait une erreur de retenue.

→ Retourne à l'exercice du n° 7.

4

Impossible de lui échapper ! Mato saisit sa sarbacane et se met à frapper l'eau devant lui, de toutes ses

forces. Le crocodile ralentit, contourne sa proie, mais quel que soit le côté d'où il prépare son attaque, les éclaboussements le retiennent d'approcher. Deux ou trois coups sur le nez, et il s'éloigne, mécontent.

Mato aborde enfin la rive, et découvre bientôt l'endroit où les hommes d'Ailleurs ont dissimulé leur canot.

« Le soir tombe, réfléchit Mato. La nuit va étendre sa plume noire sur la forêt. Les Blancs ont établi leur camp non loin du fleuve, c'est sûr, et ils ont dû placer des sentinelles pour surveiller les alentours. Le mieux est que j'aille me cacher dans un arbre. Dès que les hommes apparaîtront, à l'aube, je les suivrai depuis la rive, et je saurai où ils emmènent mon père. »

**Mato va-t-il s'endormir sur son arbre ?**

**Tu le découvriras si tu recopies la phrase qui résume le passage que tu viens de lire.**

**a.** Mato se débarrasse du crocodile mais il est blessé.

**b.** Le crocodile donne des coups de queue sur le nez de Mato puis s'éloigne.

**c.** Après s'être débarrassé du crocodile, Mato découvre le canot des Blancs.

..........................................................................................

..........................................................................................

**Maintenant → Lis le n° 10.**

**5**

Tu t'es trompé(e) : l'oiseau pond des œufs; il est donc ovipare.

→ Retourne à la question du n° 1.

**6**

Tu as fait une erreur de calcul. Va voir le mémo.

→ Refais l'exercice du n° 7.

**7**

Mato vient d'apercevoir, flottant près de la berge, un amas de branchages bien plus facile à manier qu'un tronc. Nageant à la façon des grenouilles, il s'en approche, puis s'y agrippe. Il cale sa sarbacane entre deux tiges et prend appui sur la plus grosse branche.

Poussant sur ses jambes, Mato dirige alors son radeau improvisé en travers du courant. D'autres débris filent dans le fleuve : des feuilles de bananier aussi longues que des pirogues, des arbustes, des morceaux de racines, des fleurs fanées…

Un tronc heurte un rocher, tournoie dans l'eau, fonce sur l'enfant. Mato ne le remarque que lorsqu'il arrive sur lui. L'enfant lâche tout, s'enfonce sous l'eau. Juste à temps ! Le tronc passe au-dessus de sa tête. Mato émerge, se raccroche à ses branchages, reprend la tra-

versée. Il n'est plus très loin de la rive opposée quand un deuxième tronc d'arbre se dessine à la surface. « Il va passer devant moi, » se dit Mato. Mais, d'un simple coup de queue, la forme dévie sa trajectoire et nage droit sur l'enfant.

Le soleil fait reluire les écailles, moins profondes qu'une robe d'écorce.

– Ah ! s'écrie Mato. Un jacari !*

* C'est ainsi que les Indiens d'Amazonie appellent les crocodiles.

## Mato échappera-t-il au crocodile ?

**Afin de le découvrir, calcule la distance qu'il lui reste à parcourir pour atteindre l'autre rive.**

À cet endroit, le fleuve a une largeur de 250 mètres et Mato a déjà franchi 190,50 m.

**Il doit encore nager :**

**a.** 595 m  
**b.** 59,50 m  
**c.** 60,60 m  
**d.** 100 m

**Entoure la bonne réponse.**

Si tu as entouré a. ➜ Lis le n° 2.  
Si tu as entouré b. ➜ Lis le n° 4.  
Si tu as entouré c. ➜ Lis le n° 3.  
Si tu as entouré d. ➜ Lis le n° 6.

**8**

Tu as raison : l'oiseau est ovipare puisqu'il pond des œufs. Les bonnes réponses étaient :

poisson → ovipare ; grenouille → métamophose ;  
homme → vivipare ; crocodile → ovovivipare.

➜ Tu peux lire le n° 7.

**9**

Non, l'histoire se passe dans la jungle amazonienne. Ce n'est donc pas la bonne réponse.

➜ Retourne à l'exercice du n° 12.

10

L'aube ! Mille crépitements s'envolent des arbres : les oiseaux se réveillent, aiguisent leur bec sur les écorces, battent des ailes pour se débarrasser des mauvais rêves. Un peu plus tard, ce sont les singes qui s'interpellent d'une branche à l'autre, habillant la jungle d'une cacophonie* assourdissante.

* Mélange de plusieurs sons.

Mato ouvre un œil. Il a très mal dormi sur son arbre, avec l'impression d'avoir été sans cesse frôlé par toutes sortes de bêtes. Il a arrangé l'amas de branchages devant lui de façon à ne pas être repéré de la berge, tout en continuant à avoir l'œil sur le canot enfoui sous les herbes folles.

«Ils ne vont pas tarder», pense-t-il. Il attend. Le soleil enflamme l'Amazone de ses rayons d'or. Peu après, des nuages arrivent, violets d'abord, en forme de têtes de loups ; puis le ciel prend la couleur du lait, se chargeant de pluie. Le temps passe. Mato s'impatiente. Pourquoi les hommes d'Ailleurs ne se manifestent-ils pas ?

## Où sont passés les hommes d'Ailleurs ?

**Tu le sauras en plaçant dans la grille les adjectifs qualificatifs épithètes du passage que tu viens de lire.**

Pour connaître la solution → Lis le n° 13.

mémo 6

## 11

La bonne réponse est : 50,2 – 502 – 642,5 – 6425 – 60425 – 541260,7 – 541260,78.

→ Maintenant, tu peux lire le n° 14.

## 12

Des gouttes grosses comme des grains de raisin tombent brusquement du ciel. En un instant, la lourde pluie hache les feuilles avec un bruit de mitraille. Mato descend de l'arbre. C'est décidé, il va se rendre jusqu'au campement des Blancs pour apprendre ce qui se trame là-bas.

L'enfant n'est pas long à retrouver la piste des hommes : leurs empreintes, bien marquées sur le sol depuis la veille, se sont remplies d'eau de pluie. Elles suivent le bord de l'Amazone puis s'enfoncent dans la

forêt. Sous les arbres, la pluie perd de sa violence : elle ne s'abat plus en déluge mais ruisselle sur les troncs, s'écoule en cascade d'une feuille à l'autre et vient gonfler les mousses qui tapissent le sol.

Mato avance à pas feutrés. Le campement doit être tout près, bien qu'il n'entende aucun bruit. « C'est là ! » se dit-il en voyant les arbres s'écarter sur une minuscule clairière. Il se faufile derrière un massif de fougères géantes, pointe sa tête entre deux énormes feuilles… Un hoquet de surprise bloque sa respiration. Le campement ! Disparu !

**Mato va-t-il trouver les hommes d'Ailleurs ?**

**Tu le sauras après avoir répondu à la question.**
**En attendant, c'est l'heure de faire de la géo !**
**Relève les indices dans le texte pour compléter la phrase suivante :**

Sur le globe terrestre, l'Amazone se situe dans :

**a.** la zone polaire
**b.** la zone intertropicale
**c.** la zone tempérée

**Si tu as répondu a. → Lis le n° 17.**
**Si tu as répondu b. → Lis le n° 16.**
**Si tu as répondu c. → Lis le n° 9.**

mémo 14

## 13

Il fallait répondre : **1.** assourdissante ; **2.** folles ; **3.** violets ; **4.** mauvais ; **5.** enfoui.

Si tu as bien rempli la grille, bravo !

→ Lis le n° 12.

Si tu t'es trompé(e), relis ton mémo : un adjectif donne des informations sur le nom auquel il est rattaché.

→ Corrige la grille de l'exercice du n° 10.

## 14

Mato se gratte le crâne, s'efforçant de trouver une signification au dessin. Et soudain, c'est la révélation !

– Si mon père se dirige vers le nord, c'est parce qu'il emprunte un chemin détourné. Il veut fatiguer les hommes blancs, peut-être même les perdre dans la jungle… ou me laisser le temps d'arriver avant lui à la caverne sacrée, avec des guerriers.

Mais alors qu'il se remet en route, Mato a l'impression d'être observé. Il allonge le pas, commence à courir. Une ombre, derrière lui, le prend en chasse.

Mato avance sans se retourner. Il aimerait faire demi-tour afin d'utiliser le canot des Blancs pour franchir à nouveau l'Amazone, mais l'ombre s'est placée entre le fleuve et lui. Il continue donc, sans trop savoir où il

va, dans le seul but de s'éloigner de cette présence. Le danger qu'elle représente doit être grand puisque les singes fuient vers le sommet des arbres, et les oiseaux cessent leurs bavardages.

Mato n'est pas rassuré du tout. Il sent des yeux braqués sur lui, qui ne le lâchent pas. C'est comme une brûlure sur sa peau. Il s'arrête. L'ombre s'arrête aussi. Il repart, elle le suit. La peur fait battre le cœur de l'enfant, une boule enfle dans sa gorge, lui donne envie de tousser.

Mato a soudain une idée. Lentement, sans gestes brusques, il sort une fléchette empoisonnée de son étui, la glisse dans la sarbacane… Puis il porte le long tube à sa bouche, respire à fond pour gonfler sa poitrine… Et hop ! il se tourne vers l'ombre ! Un jaguar !

Le fauve pousse un grondement, tel un tonnerre d'orage. Il sort d'entre les feuilles en roulant des épaules, les babines retroussées sur des crocs effrayants. Ses yeux d'or fixent Mato, à tel point que l'enfant a l'impression que le jaguar regarde dans sa tête et dans son cœur. La sarbacane lui paraît soudain très lourde, l'air s'échappe de ses lèvres. Il tient un instant l'animal sous la menace de son arme, mais il est incapable de souffler pour tirer sa fléchette. Sa mâchoire tremble, ses jambes sont en coton, la sarbacane lui tombe des mains.

Reprenant son courage, Mato fixe le jaguar dans les yeux. Et tout en le regardant, il se baisse, ramasse la sarbacane, s'éloigne à reculons. Le jaguar disparaît dans la végétation. Mato ne le voit plus, mais il sait que le fauve est toujours là, à le guetter, à marcher derrière lui pour l'expulser de son terrain de chasse.

### Le jaguar laissera-t-il Mato tranquille ?

**La frayeur a enlevé toutes ses forces au petit guerrier. Qu'est-ce qui tombe de la main de Mato ?**

**Écris ta réponse :**

**C'est ton DEUXIÈME INDICE. Note-le vite sur ta page-indices, p. 93.**

**Maintenant → Lis vite le n° 19.**

**15**

Bravo ! $20 \times \frac{1}{10} = 2$.

→ Va au chapitre 3.

**16**

Le camp était bien là puisque le sol garde la marque de deux tentes, mais la clairière est vide, déserte, abandonnée. Mato se sent comme si son corps se brisait de l'intérieur. Où sont passés les hommes d'Ailleurs ? Pourquoi n'ont-ils pas repris leur canot ? L'enfant inspecte l'endroit. Les herbes foulées ne se sont pas encore redressées. Cela signifie que les Blancs sont partis depuis très peu de temps. Dans quelle direction sont-ils allés ? Le jeune Indien explore la clairière, découvre une série d'empreintes qui plonge au cœur de la jungle. « Que cherchent ces hommes ? » s'interroge Mato, qui se demande bien comment délivrer son père.

À ce moment, son regard est attiré par quelque chose d'anormal sur un tronc. « Tiens ? Qu'est-ce que c'est ? » Il s'approche de l'arbre, étudie le dessin sur l'écorce. Puis il s'exclame :

– C'est un œil ! Et ces espèces de pointes autour pourraient évoquer des flammes !... L'Œil de Feu ! comprend-il tout à coup. Les hommes d'Ailleurs sont venus pour nous voler l'Œil de Feu !

Examinant les taches au pied de l'arbre, Mato en déduit que Takuna a tracé le dessin avec son sang. « Ils l'ont frappé pour le faire parler… Ils se débarrasseront de lui dès qu'ils auront atteint la caverne sacrée. » Un signe intrigue pourtant Mato : c'est une flèche au-dessus de l'œil, qui indique le nord.

– C'est étrange, marmonne l'enfant. La grotte se trouve du côté du soleil levant, alors pourquoi montrer le nord ? Et pourquoi être partis par là ? Mon père n'a pas pu se tromper dans l'orientation. Qu'est-ce qu'il essaie de m'expliquer par cette flèche ?

**Pourquoi son père a-t-il dessiné une flèche qui indique le nord ?**

**Pour savoir si Mato comprendra ce signe, classe les nombres suivant la consigne.**
**Ordonne chaque nombre du plus petit vers le plus grand. Tu dois recopier tous les nombres.**
502 – 50,2 – 541 260,7 – 6 425 – 642,5 – 60 425 – 541 260,78

………………………………………………………………………………………

→ **Maintenant tu peux lire le n° 11 pour vérifier.**

mémo 7

**17**

Faux. Les animaux dont on parle ne peuvent pas vivre par une température trop froide.

→ Refais l'exercice du n° 12.

**18**

Tu t'es trompé(e).

→ Retourne à l'exercice du n° 19.

**19**

Mato soupire de soulagement. Le jaguar a dû retourner dans sa tanière car il ne ressent plus sa présence autour de lui. L'enfant aimerait bien rejoindre l'autre rive de l'Amazone pour avertir les guerriers de son village d'aller attendre les Blancs à la caverne sacrée, mais le fleuve a doublé sa largeur en cet endroit. Le canot est trop loin à présent, et le nombre de troncs qui flottent a triplé par rapport à la veille, rendant la traversée très dangereuse. D'ailleurs certains bâillent, la gueule grande ouverte… un bon nombre d'après le calcul de Mato.

Le jeune Indien a repris sa marche. Il longe la berge, cherchant des branches qui pourraient lui servir de radeau, quand il entend une série de craquements et de grognements. Vite, il se camoufle dans un massif de hautes fougères, la sarbacane à la bouche, prêt à se défendre. Il écarte les feuilles…

Une bande de pécaris fouille le sol du groin pour déterrer des racines. La terre est devenue une souille : les bêtes pataugent et se vautrent dans la boue. Il y a quatre mâles, deux fois plus de femelles, et autant de petits que d'adultes réunis. « Vous avez de la chance que je doive délivrer mon père, pense Mato, sinon vous auriez appris quel grand chasseur je suis. J'aurais bien fléché le quart du troupeau. »

C'est alors que la forêt lui tombe sur la tête. Le choc est terrible. Mato s'écroule, assommé.

**Qui a frappé Mato ?**

**Tu l'apprendras en faisant ce calcul pour Mato.**
Selon lui, un dixième des crocodiles bâillent.
**Combien de crocodiles bâillent s'il y a en tout 20 crocodiles ?**

**a.** 1 crocodile **b.** 2 crocodiles

**Si tu as répondu a. → Lis le n° 18.**
**Si tu as répondu b. → Lis le n° 15.**

mémo 9

# La tribu de l'Ara

1

Des secousses tirent Mato de son évanouissement. Sa première sensation est celle d'un balancement continu. Il ouvre les yeux, mais il est tout de suite saisi d'un vertige : la jungle est plantée à l'envers ! Et cette douleur derrière la tête ! Il veut tâter son crâne : ses mains ne bougent plus. Il veut marcher : ses jambes n'obéissent plus. Une bouffée de peur lui tord le ventre lorsqu'il se rend compte qu'il n'a plus le contrôle de son corps.

Des genoux se plient au niveau de ses yeux, des jambes s'agitent, des pieds filent sur le sol en foulées souples et silencieuses. C'est tout juste si Mato distingue des halètements autour de lui. Brusquement il comprend : on l'a frappé, puis suspendu par les pieds et les mains à une perche que deux hommes tiennent entre eux, sur leurs épaules. Qui sont-ils ?

Où l'emmènent-ils ? Depuis combien de temps courent-ils dans la forêt avec leur prisonnier ?

Paf ! Mato est durement reposé sur le sol. On lui détache les poignets et les chevilles. Maintenant qu'il est revenu à lui, il peut se déplacer de lui-même ! L'enfant observe les hommes qui l'ont enlevé : des plumes rouges sont fixées dans leurs cheveux, ainsi que sur les bracelets qui enserrent leurs biceps et leurs mollets. Un œil de perroquet est tatoué sur leur joue gauche.

**Qui sont ces hommes qui ont fait prisonnier Mato ?**

**Tu le découvriras si tu réponds vrai (V) ou faux (F) sans te tromper à ces affirmations :**

**a.** Les hommes ont des perles rouges fixées à leurs cheveux. ....................

**b.** Les hommes ont des bracelets à leurs biceps et à leurs mollets. ....................

**c.** Les hommes ont un œil de perroquet entouré sur leur joue droite. ....................

**d.** Les hommes ont un œil de perroquet tatoué sur leur joue gauche. ....................

**e.** Les hommes ont des bracelets autour du cou. ..............

**Si tu as écrit V, V, F, V, F → Lis le n° 4.**
**Si tu as écrit F, V, F, V, F → Lis le n° 6.**
**Si tu as écrit F, F, V, F, V → Lis le n° 7.**

**2**

Tu t'es trompé(e). L'imparfait est un temps du passé constitué d'un seul mot. Le passé composé est un temps du passé constitué de 2 mots (auxiliaire + participe passé).

→ Refais l'exercice du n° 6.

**3**

La nuit est tombée. Le feu brûle au centre du yano : c'est un toit de feuilles sèches, de forme circulaire, entourant une grande place, et sous lequel vivent tous les membres du village. Des hamacs sont tendus entre

des piquets ; des fruits, des plumes et des calebasses sont suspendus à des perches ; des cloisons de palmes tressées séparent les différentes familles. Les hommes se reposent dans les hamacs pendant que les femmes enfilent des perles ou râpent du manioc dans une auge en bois pour obtenir une pâte dont elles feront des galettes. D'autres dessinent des cercles rouges sur le corps de leur mari ou confectionnent de petites jupettes en coton. Les enfants écoutent les vieux qui racontent des histoires mettant en scène le seigneur jaguar ou le toucan, l'oiseau-clown de la forêt.

Mato est seul dans son coin. Il est désespéré : il ne reverra jamais son père et, avec la disparition de l'Œil de Feu, le malheur va s'abattre sur tous les membres de sa tribu.

Une femme s'approche de lui et lui donne une banane grillée enveloppée dans une feuille, ainsi qu'une poignée de grosses chenilles blanches rôties.

– Mange, dit-elle. Tu auras besoin de forces pour accomplir ta corvée de bois, demain. Tu te lèveras dès que tu entendras la Flûte de l'Aube.

– La Flûte de l'Aube ? s'étonne Mato. Qu'est-ce que c'est ?

## Qu'est-ce que la Flûte de l'Aube ?

**Tu le sauras si tu réussis à reproduire la figure qui représente le yano entourant la grande place. Utilise le compas, la règle et l'équerre.**

**Si tu veux un peu d'aide → Lis le n° 5.**
**Si tu penses avoir réussi → Lis le n° 8.**

mémo 11

**4**

On ne parle pas de perle dans le texte. Relis attentivement le passage et réponds au fur et à mesure.

→ Refais l'exercice du n° 1.

**5**

Trace un carré, puis les diagonales de ce carré (les segments qui relient les sommets opposés). Le point qui correspond au croisement des diagonales est le centre du cercle. Tu poses la pointe du compas sur ce point pour tracer ton cercle.

→ Recommence l'exercice du n° 3.

6

Mato frémit : ce sont les guerriers de l'Ara, ceux que son père Takuna a toujours appelés les hommes de l'Autre Rive, les ennemis héréditaires de sa tribu.

Pas un mot n'est échangé entre l'enfant et ses ravisseurs. L'un d'eux lui donne un petit coup de lance pour l'obliger à avancer. Le cheminement reprend, lent parfois, lorsqu'il faut se baisser pour éviter les lianes, plus rapide quand aucun obstacle ne gêne le passage.

Quand les Indiens atteignent enfin leur village, le soleil est au bout de sa course et frôle les arbres, à l'horizon. Mato constate alors que les guerriers de l'Ara l'ont entraîné vers l'est toute la journée. La caverne sacrée n'est pas loin, mais que faire ? Son père et lui sont prisonniers. Qui peut protéger l'Œil de Feu ?

Le groupe s'arrête devant le chef, un vieil homme aux longs cheveux blancs. Celui-ci désigne Mato d'un mouvement du menton. Son geste est une question. Un guerrier explique :

– Ce garçon est venu de l'autre côté du fleuve pour chasser sur nos terres. Nous l'avons surpris alors qu'il s'apprêtait à tuer des pécaris avec sa sarbacane.

– C'est faux, se défend Mato, je ne voulais pas…

L'enfant ne peut en dire plus. Un coup dans le dos lui coupe la respiration.

– Mes guerriers racontent ce qu'ils ont vu, déclare le vieux chef. Contre eux, ta parole est aussi légère qu'un soupir de vent.

L'homme brise la sarbacane de Mato, jette les morceaux à terre.

– Désormais, tu cesses d'être un chasseur pour te mettre au service de mon peuple. Tu déterreras les racines à manger et tu cueilleras les fruits avec les femmes, tu transporteras les écorces et les feuilles que nous utilisons pour réparer le toit et tu garderas nos porcs afin qu'ils n'aillent pas fureter dans nos champs de manioc.

Les hommes éclatent de rire. Les femmes et les enfants qui se sont approchés se moquent aussi de lui. Mato baisse la tête. Jamais il n'a été aussi humilié. Pourtant une seule pensée l'obsède : comment se sortir de là ?

## Comment Mato se sortira-t-il de cette situation ?

**Pour connaître la suite de l'histoire, tu dois trouver le temps des verbes relevés dans le texte.**

| | |
|---|---|
| **a.** Le groupe s'arrête • | • **1.** imparfait |
| **b.** Nous l'avons surpris • | • **2.** présent |
| **c.** Il s'apprêtait • | • **3.** passé composé |
| **d.** Tu cueilleras • | • **4.** futur |

**Si tu as relié a.2., b.1., c.3., d.4. → Lis le n° 2.**
**Si tu as relié a.3., b.2., c.1., d.4. → Lis le n° 9.**
**Si tu as relié a.2., b.3., c.1., d.4. → Lis le n° 3.**

mémo 4

7

C'est faux. Tu devrais faire plus attention aux détails donnés. Réponds au fur et à mesure de ta lecture.

→ Refais l'exercice du n° 1.

8

– C'est une flûte taillée dans la branche d'un arbre tombé du ciel, explique la femme. Chaque matin, dès que la première tache de lumière apparaît sur les troncs, le sorcier souffle dans la flûte sacrée et réveille les hommes et les animaux. C'est à ce moment, seulement, que la jungle se remet à vivre. Les feuilles s'agitent, les singes reprennent leurs jeux et leurs querelles, et les oiseaux s'échangent leurs rêves de la nuit.

– Que se passerait-il si la Flûte disparaissait ?

– Ce serait terrible ! Les animaux ne sortiraient plus de leur gîte, nous ne pourrions plus les chasser. Les fruits ne mûriraient plus, la terre refuserait de faire pousser les plantes. Le sommeil éternel s'étendrait sur la jungle, et nous finirions par mourir de faim.

Une idée germe subitement dans la tête de Mato.

– Des hommes sont venus d'ailleurs pour voler votre flûte. Ce sont des Blancs, ils…

– Pfff ! l'interrompt la femme. Si ces hommes rôdaient par ici, nos guerriers les auraient aperçus. Le

seul ennemi, c'est toi ! Alors n'ouvre la bouche que pour manger ! Sinon ce sont les jacaris qui se régaleront de toi !

## Que pense Mato de sa situation ?

**Pour le savoir, trouve dans le texte l'expression qui contient un complément du nom, autre que celles de la liste ci-dessous.**
**Recopie-la dans l'encadré.**

– La branche **d'**un arbre
– La tête **de** Mato
– La tache **de** lumière

**C'est ton TROISIÈME INDICE. Note-le vite sur ta page-indices, p. 93.**

Maintenant → Va au chapitre 4.

**9**

Tu t'es trompé(e). Le passé composé indique que l'action est terminée. Peut-être as-tu confondu le présent du verbe avoir (*nous avons*) avec le passé composé du verbe surprendre ?

→ Refais l'exercice du n° 6.

# La Flûte de l'Aube

1 

Il pleut. La nuit est noire. Seuls quelques petits feux brûlent à côté des hamacs pour éloigner les moustiques des dormeurs. Les hamacs ressemblent à des coquilles rouges suspendues dans le vide, d'où pendent un bras ou une jambe.

Mato ne dort pas. Il écoute le froissement des feuillages battus par la pluie, et les ronflements poussés sur des notes différentes. Il pense à son père : même

s'il décrit une grande boucle dans la forêt, Takuna ne peut pas promener les hommes blancs indéfiniment. Ils vont s'en rendre compte, le frapper pour qu'il les mène enfin à la caverne sacrée. Mato songe aussi à sa mère : comme elle doit s'inquiéter de n'avoir vu rentrer ni son époux ni son fils ! On doit les rechercher, mais qui imaginera qu'ils sont passés de l'autre côté de l'Amazone ?

« Personne ne nous aidera, réfléchit Mato. C'est donc à moi de me débrouiller. Je sais quoi faire, mais si on me surprend, je suis mort. »

L'enfant se redresse dans son hamac, pose un pied sur le sol. Postée à l'entrée du yano, la sentinelle s'est abritée sous une feuille de bananier et regarde vers la forêt : c'est de là, en effet, que surgissent parfois les mauvais esprits sous l'aspect de loutres géantes ou de caïmans noirs.

Mato avance avec prudence entre les dormeurs. Il se guide à la lueur des feux, prenant bien garde à ne pas faire craquer un objet sous ses pieds ni à heurter les filets chargés de poupougnes* qui oscillent au vent, accrochés aux perches du toit.

Un grognement tout à coup ! Mato s'immobilise, un pied en l'air car il est en train d'enjamber des

* Fruits rouges qui poussent par grappes sur les palmiers à poupougnes.

calebasses. Le grognement se mue en mâchonnements, comme si le dormeur écrasait un ronflement sous ses dents. L'homme se tourne dans son hamac, poursuit son sommeil avec un bourdonnement d'insecte.

Progressant de hamac en hamac, de petits feux en petits feux, Mato atteint enfin l'emplacement réservé au sorcier.

**Que va faire Mato ?**

**Si tu veux le savoir, trouve la phrase issue du texte.**

**a.** Le grognement se transforme en bourdonnements.

**b.** Le bourdonnement se mue en mâchonnements.

**c.** Le grognement se mue en mâchonnements.

**Si tu as répondu a. → Lis le n° 4.**
**Si tu as répondu b. → Lis le n° 7.**
**Si tu as répondu c. → Lis le n° 8.**

**2** 

Tu t'es trompé(e), tu n'as pas décalé le 2e produit.

```
    195
×    53
-------
.........   ← 195 × 3
...... 0    ← 195 × 50
-------
.........
```

→ Retourne à l'exercice du n° 8.

3

Mato s'arrête, épuisé. Jamais il n'a marché si longtemps dans la jungle, surveillé par des yeux brillants aussi nombreux que les étoiles. La caverne est toute proche à présent. Mais n'est-il pas déjà trop tard pour sauver Takuna ?

Les premières traînées d'or effleurent la cime des arbres. Pas une lueur, pourtant, ne glisse le long des troncs. La forêt reste grise de la nuit, muette, figée, sans la plus petite bise qui, tous les matins, se coule le long de l'Amazone pour venir ébouriffer les hautes herbes de la rive.

Mato porte la Flûte à ses lèvres, gonfle ses joues, souffle dans le roseau.

Il n'entend rien, s'étonne, s'inquiète même, recommence en s'appliquant à bien placer ses doigts sur chaque trou. Une note aiguë chante dans le matin, une note grave l'accompagne, une autre s'envole encore, plus gaie, aussi légère qu'un tourbillon de plumes. La musique s'enroule autour des arbres, monte dans l'air, pareille à un nuage de papillons.

Alors la lumière filtre à travers les feuillages, habille les troncs de brun, de roux, de vert. Un singe lance sa question, un oiseau lui répond. La jungle se réveille, les fougères s'agitent, froissées de vent, les bavardages fusent d'un étage à l'autre, les lianes ondulent, des serpents magnifiques s'étirent parmi les orchidées. Et Mato croit entendre le hurlement de guerre des hommes de l'Ara.

## Les hommes de l'Ara sont-ils là ?

**La Lune se lève dans le ciel de l'Amazonie.**

La distance Terre-Lune est d'à peu près 384 404 377 km.

**Pour découvrir la suite, encadre ce nombre :**

– à la centaine près :

**a.** 384 404 300 < 384 404 **3**77 < 384 404 400

– au million près :

**b.** 384 000 000 < 384 **4**04 377 < 385 000 000

**Maintenant, va vérifier ta réponse au n° 9.**

mémo 8

**4**

Tu n'as pas trouvé. Relis bien tous les mots.

→ Retourne à l'exercice du n° 1.

**5**

Tremblant de tous ses membres, Mato élève alors la flûte, la tenant dans ses deux mains.

– Laissez-moi passer, esprits malins, sinon je la brise en petits morceaux. Les oiseaux perdront leurs chants, leurs plumes deviendront grises. Grises aussi seront les fleurs, tout comme la lumière du soleil. Et les singes resteront collés sur leurs branches, sans cris ni corps, semblables à des voiles de brume.

L'ombre se recule, se desserre. Un rayon de lune tout bleu se met à flotter dans l'air, éclairant le sol, les murs d'arbres et les feuilles des fougères découpées dans la nuit. Mato en brise une, casse une branchette un peu plus loin, dépose un brin de sa ceinture de coton sur une écorce rugueuse… Il tient à ce que les guerriers de l'Ara s'élancent sur sa piste au petit matin. Mais pourvu qu'ils ne le rattrapent pas avant qu'il ait atteint la caverne sacrée !

**Que va faire Mato ?**

**Le plan de Mato est très ingénieux ! Quel instrument utilise-t-il pour faire peur aux esprits ?**
**Écris ta réponse :**

**C'est ton QUATRIÈME INDICE. Écris-le sur ta page-indices, p. 93.** **Maintenant → Lis le n° 3.**

**6**

Non, tu as fait une addition alors qu'il faut multiplier 53 par 195. Pose ton calcul en plaçant le plus petit nombre en dessous du plus grand. Tu calcules ainsi :

```
  195
×  53
------
.........   ← 195 × 3
.........   ← 195 × 50
------
.........
```

→ Retourne à l'exercice du n° **8**.

**7**

Tu n'as pas trouvé. Relis bien la dernière partie du texte.

→ Retourne à l'exercice du n° **1**.

**8**

La Flûte de l'Aube repose dans un étui d'écorce. Le sorcier l'a accrochée au-dessus de lui, parmi des touffes de plumes dont il se couvre la tête lors des cérémonies. Mato aimerait l'attraper, mais c'est impossible : pour la décrocher, il faudrait grimper sur le hamac, marcher sur le ventre du bonhomme… Il ne reste qu'une solution.

Mato empoigne un des poteaux qui soutiennent le toit, puis, s'aidant des bras et des jambes, il l'escalade jusqu'en haut. Là, il s'agrippe à une perche et, à la manière des singes, il avance en se balançant de l'une à l'autre. Le toit grince, mais le bruit est étouffé par la pluie qui crépite sur les feuilles.

Ça y est ! L'enfant vient de saisir le cordon auquel est fixée la Flûte ; il la remonte en enroulant le fil autour de sa main. Un chien aboie tout à coup. La

sentinelle se retourne, lui ordonne de se taire. Mato a replié ses jambes pour les soustraire à la lueur des feux, et il n'ose plus bouger. La Flûte dans la bouche, il se retient des deux mains, mais ses forces l'abandonnent. Il va tomber sur le sorcier qui dort juste en dessous de lui.

Le chien s'est tu, la sentinelle a repris sa veille, le dos appuyé contre un piquet. Dans un dernier effort, Mato soulève ses jambes et réussit à enserrer la perche avec ses pieds. Il reste un moment dans cette position afin de reposer les muscles de ses bras, puis il retourne vers le poteau de soutien. Cependant, au lieu de redescendre, Mato grimpe sur le toit, s'y allonge pour ne pas passer au travers, et rampe vers l'arrière du yano. Le toit est incliné en pente douce, aussi le jeune Indien n'a-t-il aucun mal à retrouver le sol, à l'extérieur.

Il ressent un pincement au cœur à l'instant où il pénètre dans la forêt car, la nuit, la jungle chasse.

«Je ne dois pas me laisser surprendre par le jaguar ou le grand anaconda. Je porte la Flûte de l'Aube. Si elle disparaît avec moi, personne ne réveillera les arbres, au matin. Les feuilles, les oiseaux et les singes n'auront pas plus de vie que les pierres.»

Mato s'engage entre les arbres. Aussitôt, une ombre épaisse se referme sur lui, menaçante.

## Quelle est cette ombre qui se referme sur Mato ?

**Pour le savoir, dépêche-toi de faire le calcul suivant. Trouve le nombre de plumes sur la tête du sorcier : il y a 195 touffes de 53 plumes. Pose l'opération.**

```
   195
×   53
------
   785
  9850
------
 10635
```

**Si tu as trouvé 1 560 → Lis le n° 2.**
**Si tu as trouvé 10 335 → Lis le n° 5.**
**Si tu as trouvé 248 → Lis le n° 6.**

mémo 10

**9**

Les bonnes réponses sont :

**a.** 384 404 400

**b.** 385 000 000

→ Va vite lire le chapitre **5**.

# 5 La caverne sacrée

La forêt s'achève devant la caverne : c'est un simple trou noir au pied d'une falaise. Mato hésite à s'aventurer à découvert car il ne sait pas si les hommes d'Ailleurs et son père ne sont pas déjà à l'intérieur. Par prudence, il ramasse un caillou, le jette avec force. Tak ! La pierre heurte la paroi, retombe en ricochets sur les rocailles. Personne ! Mato se précipite vers la grotte, mais il s'arrête à l'entrée, saisi d'une peur sacrée.

« Je dois y aller, se dit-il pour se donner du courage. Je viens protéger l'Œil de Feu, non le voler. »

L'enfant avance d'un pas hésitant, son cœur bat très fort. Il regarde tout autour de lui, prêt à s'enfuir si des esprits gardiens surgissent de l'ombre pour bondir sur lui. Rien ne se passe : les rochers ne se transforment pas en fauves rugissants, et les chauves-souris collées sous la voûte ne remuent pas d'une aile quand Mato arrive devant la niche où est déposé l'Œil de Feu. C'est un gros morceau d'ambre* renfermant un diamant brut de la taille d'un œuf. Le jeune Indien s'en empare et dépose machinalement la Flûte à sa place. Puis il va se cacher au plus profond de la caverne.

**Pourquoi Mato se cache-t-il ?**

**Mato est parvenu à entrer dans la caverne pour une raison précise. Que vient-il protéger ?**

**Écris ta réponse :**

**C'est ton CINQUIÈME INDICE. Note-le sur ta page-indices, p. 93.**

Maintenant → Lis le n° 6.

**2** 

Tu t'es trompé(e), pour trouver l'aire d'un rectangle, il faut appliquer une autre formule.

→ Refais l'exercice du n° 3.

---

* Résine dure, transparente, couleur miel, datant de plusieurs dizaines de milliers d'années.

– Alors ? s'impatiente l'un de ceux restés à l'extérieur.

Le métis s'arrête.

– Il n'y a pas de danger, vous pouvez entrer.

Les hommes d'Ailleurs investissent la caverne.

– Apporte-nous l'Œil de Feu ! ordonne leur chef à Takuna.

Takuna est debout devant la niche. Il ne comprend pas. Où est l'Œil de Feu ? Pourquoi y a-t-il cette flûte à sa place ? Où sont les guerriers de sa tribu que Mato aurait dû prévenir ?

– Il n'y a rien ici ! grogne le métis qui l'a rejoint. Cet Indien nous a trompés. Il ne nous a pas menés au bon endroit.

Il attrape Takuna par son collier de plumes.

– Je vais te tuer pour t'être moqué de nous !

Des cris de colère jaillissent alors de la forêt. L'un des hommes blancs ressort. Une volée de flèches s'écrase contre les pierres, juste au-dessus de sa tête.

– Les Indiens ! s'écrie-t-il. Ils nous attaquent !

C'est la débandade parmi les Blancs. Ils se précipitent hors de la grotte pour ne pas se laisser bloquer à l'intérieur, s'éparpillent dans toutes les directions. Ils ont si peur qu'ils lâchent leurs armes pour courir plus vite. Les guerriers se ruent à leur poursuite avec des hurlements sauvages.

**Les guerriers attraperont-ils les Blancs ?**

**Pour le savoir, tu dois d'abord calculer l'aire de la caverne, qui a une forme rectangulaire.**
**Sa longueur est de 33 m et sa largeur est de 15 m.**

.......................................................................................................

**Si tu as trouvé 96 m² → Lis le n° 9.**
**Si tu as trouvé 495 m² → Lis le n° 8.**
**Si tu as trouvé 48 m² → Lis le n° 2.**

mémo 12

## 4

Ce n'est pas la bonne explication. Les lézards sont des animaux qui sont très peureux. Ils ne sont pas du tout dangereux.

→ Retourne à l'exercice du n° 6.

**5**

Non, ce n'est pas ça. Relis bien l'histoire et note les numéros au fur et à mesure.

➜ Recommence l'exercice du n° 8.

**6**

Mato est tapi derrière un éboulis de rochers. Il fait sombre. Seul un rai de lumière parvient de l'entrée de la grotte et dessine une tache pâle sur la paroi. Une ombre terrifiante se profile tout à coup sur la pierre : un de ces monstres qui peuplent les légendes et qui dévorent des tribus entières ! Mato se tasse sur lui-même, essaie de ressembler à un rocher. C'est le gardien des lieux, il en est sûr, et la Bête vient le punir parce qu'il a touché à l'Œil de Feu !

L'enfant commence à gémir à voix basse, suppliant le monstre de l'épargner. La Bête ne bouge pas, la tête toujours pointée dans la direction de Mato.

– Je vais remettre l'Œil à sa place, indique-t-il d'une voix tremblante. Pardonne-moi si je t'ai réveillé. Je peux jouer pour toi une merveilleuse musique qui te rendormira aussitôt. Laisse-moi simplement reprendre la flûte.

Mato se relève, mais à l'instant où il s'apprête à sortir de son abri, le petit lézard qui se chauffait au soleil sur une pierre de l'entrée, la tête dressée dans la lumière,

détale en zigzagant. À la seconde, la projection agrandie, déformée de son ombre, disparaît de la paroi.

– Ouf ! soupire Mato. Le monstre est retourné sous terre.

Des exclamations de joie éclatent au-dehors. Mato tressaille : il vient de reconnaître la langue des hommes blancs. Tenant Takuna sous la menace de son arme, le métis se hasarde le premier dans la grotte. Il explore les coins d'ombre afin de vérifier qu'aucune bête féroce ne s'est installée là. Mato retient sa respiration : l'homme est si proche de lui, penché sur les rochers, que l'enfant craint qu'il n'entende les battements de son cœur. Le métis approche encore, il va le découvrir quand…

**Qui arrive dans la caverne ?**

**Pour le savoir, tu dois d'abord expliquer pourquoi Mato a si peur d'un lézard !**

**a.** Les lézards sont des animaux très dangereux, leur morsure peut être mortelle.

**b.** L'ombre du lézard se projette sur la paroi et cela ressemble à un gros monstre.

**Si tu as répondu a. → Lis le n° 4.**
**Si tu as répondu b. → Lis le n° 3.**

7

Non. Pour t'aider, écris les numéros au fur et à mesure que tu les repères dans le texte.

→ Recommence l'exercice du n° 8.

8

– Papa !

Takuna se retourne, ouvre les bras à son fils, puis il remet l'Œil de Feu dans sa niche.

– Ce ne sont pas nos guerriers, s'étonne l'homme.

– Non, c'est la tribu de l'Autre Rive.

En quelques phrases, Mato raconte son aventure à son père.

– Ainsi, tu as dérobé la Flûte de l'Aube dans leur propre yano, au milieu de tous nos ennemis. C'est un exploit digne d'un grand guerrier. Je suis fier de toi, mon fils.

C'est alors qu'une ombre se découpe sur le sol. Mato étouffe un cri. Le sorcier de l'Ara se tient dans l'entrée de la caverne, un lourd casse-tête à la main. Que peut Takuna contre une telle arme ?

– Tu es le père de l'enfant ? demande le sorcier.

Takuna fait oui de la tête. Il a serré ses poings, prêt à défendre son fils au péril de sa vie. D'un geste brusque, le sorcier ouvre la main. Mato comprend : il va chercher la Flûte, la lui rend.

– Elle réveille tous les matins du monde, explique l'homme à Takuna. Sans elle, la forêt se pétrifierait.

– Cet Œil est l'œil de la forêt, répond le père de Mato en montrant l'objet dans la niche. Sans lui, la lumière n'existerait plus, et nous serions livrés aux créatures des ténèbres.

– En somme, nous avons besoin des deux pour vivre, constate Mato.

Un silence. Les deux hommes se dévisagent, s'étudient. Pour le sorcier, Mato est un voleur. Pour Takuna, le sorcier représente un danger. Que va-t-il se passer ?

## Que va faire le sorcier de l'Ara ?

**Avant de le découvrir, tu vas remettre les phrases dans l'ordre de l'histoire.**
**Recopie les numéros correspondants sur les pointillés.**

**1.** Takuna dit qu'il est fier de son fils.
**2.** Takuna repose l'Œil de Feu.
**3.** Le sorcier de l'Ara apparaît à l'entrée de la caverne.
**4.** Mato raconte l'histoire à son père.
**5.** Mato crie : « Papa ! »

..............................................................................................................

**Si tu as répondu 5. 4. 2. 1. 3. → Lis le n° 7.**
**Si tu as répondu 5. 2. 4. 1. 3. → Lis le n° 10.**
**Si tu as répondu 3. 5. 4. 1. 2. → Lis le n° 5.**

### 9

Ce n'est pas le périmètre du rectangle qu'il fallait calculer, mais son aire.

→ Refais l'exercice du n° 3.

### 10

Mais le sorcier a compris que si l'enfant a laissé des traces bien visibles derrière lui, c'était pour que les guerriers se lancent à sa poursuite et découvrent les hommes blancs qui font tant de mal à la forêt.

– Mes guerriers vont chasser ces hommes hors de la jungle, déclare-t-il. Nous ne les reverrons plus.

Les paroles du sorcier soulagent Takuna : il n'y ressent aucune hostilité. D'ailleurs, s'il avait voulu appeler ses guerriers, il l'aurait déjà fait.

– S'ils revenaient un jour de notre côté du fleuve, nous les chasserions à notre tour, promet Takuna.

– Alors la Flûte ne se taira jamais, et l'Œil de Feu brillera pour l'éternité sous les rayons du soleil.

– Nous sommes les gardiens de la vie, résume Takuna. Je ne me souviens plus pourquoi nous sommes ennemis.

– Si les dieux ont placé l'Amazone entre nos deux tribus, ce n'était peut-être pas pour nous séparer, mais pour que nous buvions la même eau, suggère Mato.

Le visage du sorcier s'éclaire d'un large sourire.

– Ton fils parle avec sagesse. Que dirais-tu d'une grande fête pour célébrer notre amitié ?

– Nous en profiterions pour élever Mato au rang de guerrier. Ainsi, il serait reconnu sur les deux rives du fleuve.

– Yaouh !

Mato bondit de joie, et son cri retentit dans les moindres recoins de la Grande Forêt.

FIN

Bravo ! Puisque tu es allé(e) jusqu'au bout de cette histoire et de ses exercices, nous te proposons de nous envoyer, sur le site www.lenigme.com, la liste des indices que tu as écrits page 93, et tu pourras télécharger des surprises !

À bientôt pour une nouvelle aventure !

# Mémo

## Pour t'aider à faire tes exercices

français maths géo sciences

# Vocabulaire

## 1 Les préfixes

- Un mot qui ne peut être partagé est un mot simple appelé **radical** (*faire*).
- Un élément ajouté avant le radical pour former un mot dérivé est appelé **préfixe** (*défaire*).

## 2 Sens propre/Sens figuré

- Un mot peut être utilisé au **sens propre** ; il représente **une réalité** :
  *Le bâton se brise → le bâton est vraiment cassé.*
- Le même mot peut être utilisé au **sens figuré**, c'est **une image** ;
  *Il a les jambes brisées par la fatigue → ses jambes ne sont pas réellement cassées. C'est une impression donnée par la fatigue.*

# Conjugaison

## 3 Le présent de l'impératif

Le présent de l'impératif sert à exprimer un **ordre** ou un **conseil**.
Le verbe n'a pas de sujet exprimé.

*Viens !*
*Faites attention.*
*Ne traverse pas !*

## 4 Les temps de l'indicatif

- Terminaisons du **présent** de l'indicatif des verbes du 1er groupe :

| | | |
|---|---|---|
| *Je → -e* | *Tu → -es* | *Il → -e* |
| *Nous → -ons* | *Vous → -ez* | *Ils → -ont* |

- Terminaisons du **futur** de l'indicatif des verbes du 1er groupe :

| | | |
|---|---|---|
| *Je → -erai* | *Tu → -eras* | *Il → -era* |
| *Nous → -erons* | *Vous → -erez* | *Ils → -eront* |

- Terminaisons de **l'imparfait** de l'indicatif :

| | | |
|---|---|---|
| *Je → -ais* | *Tu → -ais* | *Il → -ait* |
| *Nous → -ions* | *Vous → -iez* | *Ils → -aient* |

- Verbes du 3e groupe : l'exemple de *prendre* au **passé composé** (auxiliaire *avoir* au présent + participe passé) :

| | | |
|---|---|---|
| *J'ai pris* | *Tu as pris* | *Il a pris* |
| *Nous avons pris* | *Vous avez pris* | *Ils ont pris* |

## Grammaire

### 5 Déterminant ou pronom personnel ?

- *Le* peut être **un déterminant** s'il est placé devant un nom :
  *le fleuve, le canot.*
- S'il est placé devant un verbe, il remplace un groupe nominal rencontré avant et que l'on ne veut pas répéter ; c'est un **pronom personnel.**
  *Il dégage le* ***canot*** *et le* ***pousse*** *à l'eau.*
  (le : déterminant ; le : pronom personnel)

### 6 L'adjectif qualificatif épithète

- Un adjectif qualificatif épithète est un mot qui **accompagne le nom** et qui donne des renseignements supplémentaires.
  *La nuit noire.*
- Il **s'accorde en genre et en nombre** avec le nom qu'il accompagne.
  *Des mauvais rêves* → *Une mauvaise nuit*

# Numération

## 7 Rangement des nombres

• Pour ranger des nombres, tu regardes d'abord la **partie entière** (avant la virgule). Le nombre le plus grand est celui qui contient **le plus de chiffres** [redacted].

• Si les parties entières sont identiques, tu observes la partie décimale :

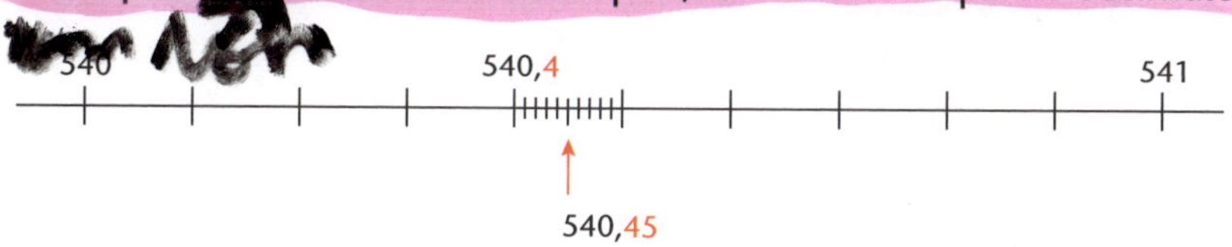


## 8 Encadrement des grands nombres

• Pour encadrer un nombre à la centaine près, tu dois chercher le nombre terminé par **00** qui vient juste avant dans la suite numérique, et le nombre terminé par **00** qui vient juste après.

*3 540 se situe entre 3 500 et 3 600 : **3 500** < **3 540** < **3 600**.*

• Pour encadrer un nombre au millier près, tu dois chercher le nombre terminé par **000** qui vient juste avant dans la suite numérique, et le nombre terminé par **000** qui vient juste après.

***3 000** < **3 540** < **4 000**.*

## 9 Fractions

• Un dixième s'écrit $\frac{1}{10}$.

• Pour trouver $\frac{1}{10}$ d'un nombre, tu dois diviser ce nombre par 10.

**Multiplier par $\frac{1}{10}$** revient à diviser par 10, ou à multiplier par 0,1.

$\frac{1}{10} \times 40 = 0,1 \times 40 = 40 : 10.$

# Mathématiques

## Opérations

### 10 Multiplication

Multiplier un nombre entier par un nombre de plusieurs chiffres au multiplicateur, c'est **calculer des produits**.

*126 × 32 = (126 x 2) + (126 x 30)*

$$
\begin{array}{r l}
126 & \\
\times \quad 32 & \\
\hline
252 & \rightarrow 126 \times 2 \\
3780 & \rightarrow 126 \times 30 \\
\hline
4032 &
\end{array}
$$

## Géométrie

### 11 Le cercle et le carré

- Le carré a **4 côtés de même longueur et 4 angles droits.**

Les diagonales (segments qui relient les angles opposés) se croisent en leur milieu.

- Le cercle a un **centre.**

**Son diamètre est égal à 2 fois son rayon.**

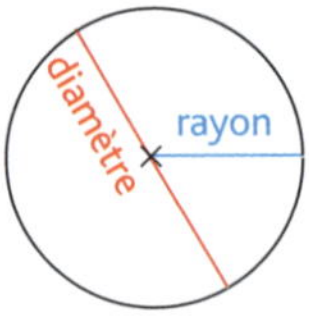

cercle

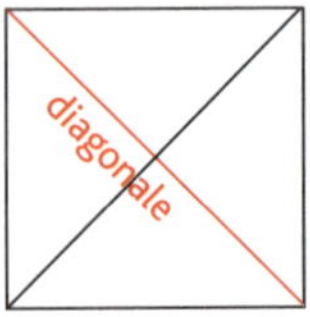

carré

## Mesure

### 12 Les mesures d'aires

La mesure d'une aire se donne en **mm², cm², dm², m², dam², hm², km².**
Elle se calcule avec la formule : *côté × côté.*

Ici, il faut calculer l'aire du rectangle : **longueur × largeur.**

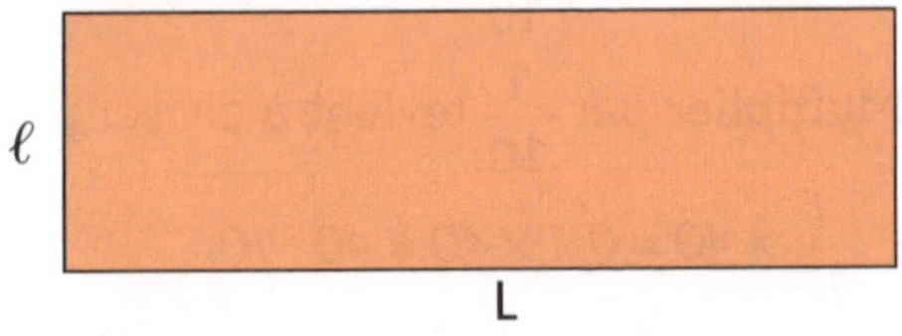

## 13 Planisphère avec les grands fleuves

## 14 Les zones climatiques

La chaleur reçue sur la Terre dépend de l'inclinaison des rayons du soleil quand ils touchent le sol.

- Dans la **zone polaire**, il fait froid toute l'année.

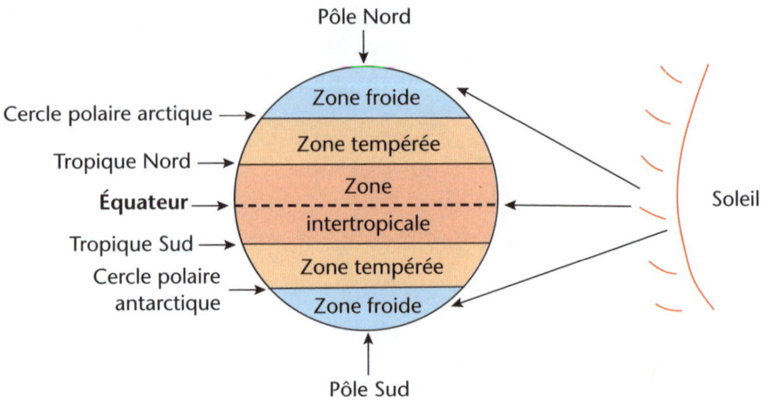


- Dans la **zone tempérée** (en France par exemple), il y a 4 saisons différentes, ce qui n'est pas le cas partout. Certains pays ont deux saisons : une saison humide et une saison sèche.

- Dans la **zone intertropicale**, il fait chaud toute l'année et les précipitations sont très fortes pendant la saison des pluies.

## 15 La respiration

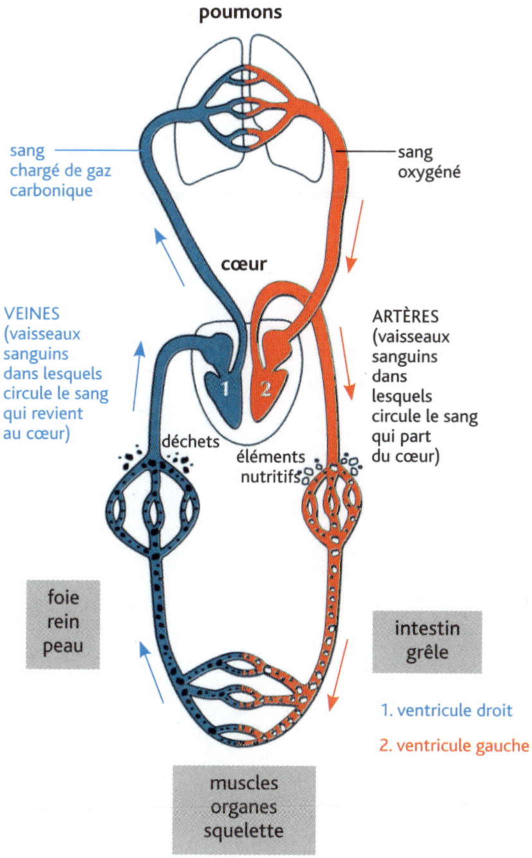


## 16 La reproduction

Les animaux ont des modes de reproduction différents selon leur espèce. Voici les définitions :

- **Ovipare** : qui pond des œufs (*oiseaux, poissons, reptiles*).
- **Vivipare** : qui met directement au monde ses petits (*mammifères*).
- **Ovovivipare** : les œufs éclosent dans l'appareil génital de la femelle (*crocodiles, certains serpents*).
- **Métamorphose** : le petit ne ressemble pas aux adultes de son espèce en naissant ; il va se transformer en grandissant (*le têtard va devenir une grenouille. La chenille va devenir un papillon.*)

# Page-indices

# Le secret de la jungle

## du CM1 au CM2

Note ci-dessous les indices que tu as trouvés
au cours de ta lecture.

**Va vite te connecter sur le site**
**www.lenigme.com**
**pour nous envoyer tes indices,**
**et tu pourras télécharger plein de cadeaux !**

**INDICE 1** ..............................................................................................

**INDICE 2** ..............................................................................................

**INDICE 3** ..............................................................................................

**INDICE 4** ..............................................................................................

**INDICE 5** ..............................................................................................

**Bravo !** *Tu as trouvé tous les indices !*

# Table des matières

N° Éditeur : 10202485 – JPM – Février 2014
Imprimé en France par IME

La collection

L'ÉNIGME des vacances

# Choisis ton univers !

Historique | Fantastique | Policier | Aventure | Frisson | Princesse | Sciences

## du CP au CE1

- Le voleur invisible
- Sophia, princesse de la mer
- Le mystère de la source

## du CE1 au CE2

- La peur au bout de la laisse
- Mystère au cirque Alzared
- Attention ! Dauphins en danger
- Pas si désert que ça !
- Menace sur Madagascar
- Pirates en péril !

## du CE2 au CM1

- Le labyrinthe des dragons
- Les fantômes de Glamorgan
- La plage du Prince Blanc
- Le phare de la peur
- Montagne explosive !
- Menaces sur la finale de foot

## du CM1 au CM2

- Le voleur de papyrus (iPhone iPad)
- Le secret de la jungle
- Le sortilège des loups-garous
- Parfum de vacances
- La carrière interdite
- Feu mystérieux en Australie
- Planète dinosaures

## du CE2 au CM2

Les Mystérieuses Cités d'Or

- T.1 Le secret du tambour sacré
- T.2 À la poursuite du Dragon Jaune
- T.3 Le ventre de Bouddha
- T.4 La révélation

## du CM2 à la 6e

- Le trésor des Templiers
- Panique à la Pop Academy
- La forêt de l'épouvante
- À la recherche de la cité perdue (iPhone iPad)
- Eaux troubles à Venise
- Drôles de familles (JEUX)

## de la 6e à la 5e

- Le secret du Titanic (iPhone iPad)
- Drôle de trafic
- Complot chez les cordons-bleus

## de la 5e à la 4e

- Operation Blue Lagoon (en anglais)
- Chute mortelle au Mont-Saint-Michel (iPhone iPad)
- The Captain is Missing! (en anglais)
- Le souffle de l'ange

## de la 4e à la 3e

- Murder in West Park (en anglais)
- The Mark of the Vampire (en anglais) (iPhone iPad)

Histoire à podcaster sur le site www.lenigme.com

iPhone iPad Existe en applications pour iPhone et iPad. Disponible sur App Store.

Retrouve-nous sur le site : www.lenigme.com